Diario de Gratitud

Este libro pertenece a:

Diario de Gratitud: El Mapa de Agradecimiento

Primera Edición: 2022©
ISBN: 978-987-48766-7-6

Diario, gratitud, autoayuda, agradecimiento
mujeres, pensamiento positivo, manifestación,
emociones, autocontrol

Autor: Somos Mamás
Editor: AM Rothman
Diseño: A.M. Rothman
Editorial: somosmamás.com.ar

¿Cómo usar este diario?

El Diario de Gratitud, Mapa de Agradecimiento, está diseñado para guiarte por lo que usar este mapa de agradecimiento es muy sencillo. Solo sigue las flechas y completa. Con **solo 5 minutos puedes cambiar tu vida.**

Lo primero, realiza la actividad todos los días al menos **durante 21 semanas.** Lo más importante, es tener la constancia y perseverancia de **hacerlo todos los días.**

Si te sientes muy negativa, intenta completarlo encontrando las personas y situaciones que te dan placer, te ayudaron en el día, o en tu vida.

Por ejemplo:
- de ti, de tu carácter, personalidad o físico.
- de tus amigos o tu familia.
- de tu vida.
- de tu casa o de donde vives.
- de tu trabajo, o de lo que haces
- cosas que has vivido hoy.
- personas que has tenido en tu vida.
- experiencias que has vivido.
- cosas que tienes (posesiones).
- cosas que han sido dificil en tu vida, y que has superado
- cosas que hayas aprendido, habilidades, etc.
- oportunidades, que has tenido o perdido.

Si no se te ocurre, o crees que no tienes nada para agradecer, puedes escribir cosas sencillas, y obvias. Por ejemplo, *gracias que puedo respirar, gracias que tengo buena salud, gracias que tengo comida,* incluso *gracias que estoy viva*. Esto también es muy importante, y es un excelente punto de partida.

Si ya te encuentras en una etapa más avanzada, y te sientes más feliz y agradecida, **te recomiendo reflexionar y quedarte en la sensación por unos momentos.**

En otras palabras, en vez de simplemente escribir, quédate sintiendo y agradeciendo esto durante unos minutos.

Esta es una excelente forma que tu cuerpo adopte esta sensación de forma más habitual.

Un detalle muy importante, **a la hora de escribir es utiliza palabras positivas**, diferentes estudios indican que la felicidad aumenta más rápidamente cuando se usan palabras positivas, en lugar de palabras negativas. Por ejemplo, *gracias porque tengo buena salud,* es mejor que *gracias que no estamos enfermos.*

Otro detalle importante es**, completa este diario antes de ir a dormir, y hacerlo sin interrupciones.** Donde puedas dedicar 5 minutos a reflexionar sin ser molestada.

Se recomienda hacerlo antes de ir a dormir para irse con el pensamiento y la emoción de agradecimiento en el cuerpo y la mente. Lo cual mejorará tu sueño, y anímo para el día siguiente.

Muy importante, **si sientes que te invaden los pensamientos negativos utiliza este diario de gratitud,** en vez de dejarte llevar por tu cabeza.

Ello ayudará a guiar tu atención y enfocarte en lo realmente importante. Por eso, cada vez que te invadan los pensamientos negativos, utiliza este mapa para guiar tu pensamiento.

¿Por qué es importante este libro?

El Diario de gratitud, Mapa de agradecimiento es una herramienta para alcanzar la felicidad, la salud y el éxito que siempre has querido. En este diario encontrarás diferentes ejercicios y actividades, en forma de mapa, que te llevarán a trabajar con la gratitud, el agradecimiento y el pensamiento positivo.

Cuando cultivamos la gratitud, cambiamos la forma en que sentimos, y ello, cambia la forma en que pensamos y actuamos. Por lo tanto, cambian nuestros resultados.

Diferentes estudios han comprobado que cuando pensamos negativamente, o nos enojamos nos volvemos más tontos, pues se reduce nuestro coeficiente intelectual, lo cual hace que no veamos las cosas claramente, reaccionemos mal, y que no veamos las oportunidades que tenemos.

Al dejar el enojo de lado, pensamos más claramente, vemos posibilidades que antes no veíamos, lo cual evita la frustración y trae consigo más logros y poder personal. **Menos enojos y más alegrías.**

La gratitud recarga de energía, aumenta la autoestima, nos incentiva, además que produce la paz y claridad mental, lo cual está relacionado con el bienestar físico, mental y espiritual. Es asi que, el agradecimiento nos lleva directamente a la felicidad, el éxito y una vida plena. Es **el mejor antídoto contra el enojo, la frustración, la envidia y el resentimiento**.

Fecha

Comienza aqui

Hoy agradezco por:

Me siento bendecida de tener:

Me gusta ser:

Amo de mi vida y estoy contenta que:

Me gustaria:

por eso le pido al universo/Dios que:

¡Gracias!

Fecha

Comienza aquí

Hoy agradezco por:

10 cosas que doy gracias:

Me siento bendecida por ser:

Gracias a

Amo de mi vida y estoy contenta que:

¡Gracias!

Me siento muy bendecida de tener:

Otras cosas que tengo en mi corazón que me hacen sentir feliz y bendecida

GRACIAS...

Gracias

Gracias, gracias, gracias

Reflexiona y agradece sobre sobre aquellas pequeñas cosas que tienes en tu vida y que das por sentando.

Fecha

Comienza aquí

Hoy quiero agradecer a (Dios/Vida/Universo) que:

Gracias por:

Mi lista de cosas que agradezco tener:

En mi vida estoy agradecida por

Gracias

Me siento muy bendecida por que aprendí:

Personas que tengo en mi corazón que me hacen sentir feliz y bendecida

Me gustaria...

Gracias

Gracias,
gracias,
gracias

Agradece a alguien que haya pasado por tu vida:

Fecha

Comienza aquí

Cosas por la que estoy agradecida:

¡Gracias!

Fecha

Comienza aquí

Hoy agradezco por:

Me siento bendecida de tener:

Me gusta ser:

Amo de mi vida y estoy contenta que:

Me gustaría:

por eso le pido al universo/Dios que:

¡Gracias!

Fecha

Comienza aquí

Hoy agradezco por:

10 cosas que doy gracias:

Me siento bendecida por ser:

Gracias a

Amo de mi vida y estoy contenta que:

¡Gracias!

Me siento muy bendecida de tener:

Otras cosas que tengo en mi corazón que me hacen sentir feliz y bendecida

GRACIAS...

Gracias

Gracias, gracias, gracias

Reflexiona y agradece sobre sobre aquellas pequeñas cosas que tienes en tu vida y que das por sentando.

Fecha

Comienza aqui

Hoy quiero agradecer a (Dios/Vida/Uuniverso) que:

Gracias por:

Mi lista de cosas
que agracezco tener:

En mi vida estoy agradecida por

Gracias

Me siento muy bendecida por que aprendí:

Personas que tengo en mi corazón que me hacen sentir feliz y bendecida

Me gustaría...

Gracias, gracias, gracias

Gracias

Agradece a alguien que haya pasado por tu vida:

Fecha

Comienza aquí

Cosas por la que estoy agradecida:

¡Gracias!

Fecha

Comienza aquí

Hoy agradezco por:

Me siento bendecida de tener:

Me gusta ser:

Amo de mi vida y estoy contenta que:

Me gustaría:

por eso le pido al universo/Dios que:

¡Gracias!

Fecha

Comienza aquí

Hoy agradezco por:

10 cosas que doy gracias:

Me siento bendecida por ser:

Gracias a

Amo de mi vida y estoy contenta que:

¡Gracias!

Me siento muy bendecida de tener:

Otras cosas que tengo en mi corazón que me hacen sentir feliz y bendecida

GRACIAS...

Gracias

Gracias, gracias, gracias

Reflexiona y agradece sobre sobre aquellas pequeñas cosas que tienes en tu vida y que das por sentando.

Fecha

Comienza aquí

Hoy quiero agradecer a (Dios/Vida /Uuniverso) que:

Gracias por:

Mi lista de cosas

que agracezco tener:

En mi vida estoy agradecida por

Gracias

Me siento muy bendecida por que aprendi:

Personas que tengo en mi corazón que me hacen sentir feliz y bendecida

Me gustaria...

Gracias

Gracias, gracias, gracias

Agradece a alguien que haya pasado por tu vida:

Fecha

Comienza aquí

Cosas por la que estoy agradecida:

¡Gracias!

Fecha

Comienza aquí

Hoy agradezco por:

Me siento bendecida de tener:

Me gusta ser:

Amo de mi vida y estoy contenta que:

Me gustaría:

por eso le pido al universo/Dios que:

¡Gracias!

Fecha

Comienza aquí

Hoy agradezco por:

10 cosas que doy gracias:

Me siento bendecida por ser:

Gracias a

Amo de mi vida y estoy contenta que:

¡Gracias!

Me siento muy bendecida de tener:

Otras cosas que tengo en mi corazón que me hacen sentir feliz y bendecida

GRACIAS...

Gracias

Gracias, gracias, gracias

Reflexiona y agradece sobre sobre aquellas pequeñas cosas que tienes en tu vida y que das por sentando.

Fecha

Comienza aqui

Hoy quiero agradecer a (Dios/Vida/Uuniverso) que:

Gracias por:

Mi lista de cosas que agracezco tener:

En mi vida estoy agradecida por

Gracias

Me siento muy bendecida por que aprendí:

Personas que tengo en mi corazón que me hacen sentir feliz y bendecida

Me gustaria...

Gracias, gracias, gracias

Gracias

Agradece a alguien que haya pasado por tu vida:

Fecha

Comienza aquí

Cosas por la que estoy agradecida:

¡Gracias!

Fecha

Comienza aqui

Hoy agradezco por:

Me siento bendecida de tener:

Me gusta ser:

Amo de mi vida y estoy contenta que:

Me gustaria:

por eso le pido al universo/Dios que:

¡Gracias!

Fecha

Comienza aquí

Hoy agradezco por:

10 cosas que doy gracias:

Me siento bendecida por ser:

Gracias a

Amo de mi vida y estoy contenta que:

¡Gracias!

Me siento muy bendecida de tener:

Otras cosas que tengo en mi corazón que me hacen sentir feliz y bendecida

GRACIAS...

Gracias

Gracias, gracias, gracias

Reflexiona y agradece sobre sobre aquellas pequeñas cosas que tienes en tu vida y que das por sentando.

Fecha

Comienza aquí

Hoy quiero agradecer a (Dios/Vida/Uuniverso) que:

Gracias por:

Mi lista de cosas que agracezco tener:

En mi vida estoy agradecida por

Gracias

Me siento muy bendecida por que aprendi:

Personas que tengo en mi corazón que me hacen sentir feliz y bendecida

Me gustaria...

Gracias, gracias, gracias

Gracias

Agradece a alguien que haya pasado por tu vida:

Fecha

Comienza aquí

Cosas por la que estoy agradecida:

¡Gracias!

Fecha

Comienza aquí

Hoy agradezco por:

Me siento bendecida de tener:

Me gusta ser:

Amo de mi vida y estoy contenta que:

Me gustaría:

por eso le pido al universo/Dios que:

¡Gracias!

Fecha

Comienza aquí

Hoy agradezco por:

10 cosas que doy gracias:

Me siento bendecida por ser:

Gracias a

Amo de mi vida y estoy contenta que:

¡Gracias!

Me siento muy bendecida de tener:

Otras cosas que tengo en mi corazón que me hacen sentir feliz y bendecida

GRACIAS...

Gracias

Gracias, gracias, gracias

Reflexiona y agradece sobre sobre aquellas pequeñas cosas que tienes en tu vida y que das por sentando.

Fecha

Comienza aqui

Hoy quiero agradecer a (Dios/Vida /Uuniverso) que:

Gracias por:

Mi lista de cosas que agracezco tener:

En mi vida estoy agradecida por

Gracias

Me siento muy bendecida por que aprendi:

Personas que tengo en mi corazón que me hacen sentir feliz y bendecida

Me gustaria...

Gracias,
gracias,
gracias

Gracias

Agradece a alguien que haya pasado por tu vida:

Fecha

Comienza aquí

Cosas por la que estoy agradecida:

¡Gracias!

Fecha

Comienza aquí

Hoy agradezco por:

Me siento bendecida de tener:

Me gusta ser:

Amo de mi vida y estoy contenta que:

Me gustaría:

por eso le pido al universo/Dios que:

¡Gracias!

Fecha

Comienza aquí

Hoy agradezco por:

10 cosas que doy gracias:

Me siento bendecida por ser:

Gracias a

Amo de mi vida y estoy contenta que:

¡Gracias!

Me siento muy bendecida de tener:

Otras cosas que tengo en mi corazón que me hacen sentir feliz y bendecida

GRACIAS...

Gracias

Gracias, gracias, gracias

Reflexiona y agradece sobre sobre aquellas pequeñas cosas que tienes en tu vida y que das por sentando.

Fecha

Comienza aquí

Hoy quiero agradecer a (Dios/Vida/Uuniverso) que:

Gracias por:

Mi lista de cosas que agracezeo tener:

En mi vida estoy agradecida por

Gracias

Me siento muy bendecida por que aprendí:

Personas que tengo en mi corazón que me hacen sentir feliz y bendecida

Me gustaria...

Gracias

Gracias, gracias, gracias

Agradece a alguien que haya pasado por tu vida:

Fecha

Comienza aquí

Cosas por la que estoy agradecida:

¡Gracias!

Fecha

Comienza aquí

Hoy agradezco por:

Me siento bendecida de tener:

Me gusta ser:

Amo de mi vida y estoy contenta que:

Me gustaría:

por eso le pido al universo/Dios que:

¡Gracias!

Fecha

Comienza aquí

Hoy agradezco por:

10 cosas que doy gracias:

Me siento bendecida por ser:

Gracias a

Amo de mi vida y estoy contenta que:

¡Gracias!

Me siento muy bendecida de tener:

Otras cosas que tengo en mi corazón que me hacen sentir feliz y bendecida

GRACIAS...

Gracias

Gracias, gracias, gracias

Reflexiona y agradece sobre sobre aquellas pequeñas cosas que tienes en tu vida y que das por sentando.

Fecha

Comienza aquí

Hoy quiero agradecer a (Dios/Vida /Uuniverso) que:

Gracias por:

Mi lista de cosas

que agracezco tener:

En mi vida estoy agradecida por

Gracias

Me siento muy bendecida por que aprendi:

Personas que tengo en mi corazón que me hacen sentir feliz y bendecida

Me gustaria...

Gracias, gracias, gracias

Gracias

Agradece a alguien que haya pasado por tu vida:

Fecha

Comienza aquí

Cosas por la que estoy agradecida:

¡Gracias!

Fecha

Comienza aquí

Hoy agradezco por:

Me siento bendecida de tener:

Me gusta ser:

Amo de mi vida y estoy contenta que:

Me gustaría:

por eso le pido al universo/Dios que:

¡Gracias!

Fecha

Comienza aquí

Hoy agradezco por:

10 cosas que doy gracias:

Me siento bendecida por ser:

Gracias a

Amo de mi vida y estoy contenta que:

¡Gracias!

Me siento muy bendecida de tener:

Otras cosas que tengo en mi corazón que me hacen sentir feliz y bendecida

GRACIAS...

Gracias

Gracias, gracias, gracias

Reflexiona y agradece sobre sobre aquellas pequeñas cosas que tienes en tu vida y que das por sentando.

Fecha

Comienza aqui

Hoy quiero agradecer a (Dios/Vida/Uuniverso) que:

Gracias por:

Mi lista de cosas
que agracezco tener:

En mi vida estoy agradecida por

Gracias

Me siento muy bendecida por que aprendí:

Personas que tengo en mi corazón que me hacen sentir feliz y bendecida

Me gustaria...

Gracias, gracias, gracias

Gracias

Agradece a alguien que haya pasado por tu vida:

Fecha

Comienza aquí

Cosas por la que estoy agradecida:

¡Gracias!

Fecha

Comienza aqui

Hoy agradezco por:

Me siento bendecida de tener:

Me gusta ser:

Amo de mi vida y estoy contenta que:

Me gustaria:

por eso le pido al universo/Dios que:

¡Gracias!

Fecha

Comienza aquí

Hoy agradezco por:

10 cosas que doy gracias:

Me siento bendecida por ser:

Gracias a

Amo de mi vida y estoy contenta que:

¡Gracias!

Me siento muy bendecida de tener:

Otras cosas que tengo en mi corazón que me hacen sentir feliz y bendecida

GRACIAS...

Gracias

Gracias, gracias, gracias

Reflexiona y agradece sobre sobre aquellas pequeñas cosas que tienes en tu vida y que das por sentando.

Fecha

Comienza aquí

Hoy quiero agradecer a (Dios/Vida/Uuniverso) que:

Gracias por:

Mi lista de cosas que agracezco tener:

En mi vida estoy agradecida por

Gracias

Me siento muy bendecida por que aprendi:

Personas que tengo en mi corazón que me hacen sentir feliz y bendecida

Me gustaria...

Gracias

Gracias, gracias, gracias

Agradece a alquien que haya pasado por tu vida:

Fecha

Comienza aquí

Cosas por la que estoy agradecida:

¡Gracias!

Fecha

Comienza aquí

Hoy agradezco por:

Me siento bendecida de tener:

Me gusta ser:

Amo de mi vida y estoy contenta que:

Me gustaría:

por eso le pido al universo/Dios que:

¡Gracias!

Fecha

Comienza aquí

Hoy agradezco por:

10 cosas que doy gracias:

Me siento bendecida por ser:

Gracias a

Amo de mi vida y estoy contenta que:

¡Gracias!

Me siento muy bendecida de tener:

Otras cosas que tengo en mi corazón que me hacen sentir feliz y bendecida

GRACIAS...

Gracias

Gracias, gracias, gracias

Reflexiona y agradece sobre sobre aquellas pequeñas cosas que tienes en tu vida y que das por sentando.

Fecha

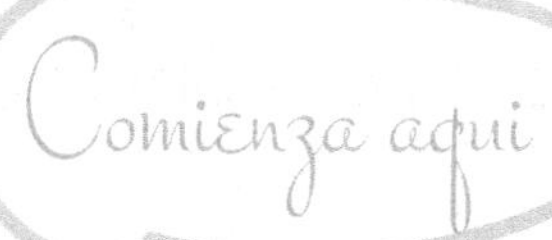

Hoy quiero agradecer a (Dios/Vida/Uuniverso) que:

Gracias por:

Mi lista de cosas que agracezeo tener:

En mi vida estoy agradecida por

Gracias

Me siento muy bendecida por que aprendi:

Personas que tengo en mi corazón que me hacen sentir feliz y bendecida

Me gustaria...

Gracias, gracias, gracias

Gracias

Agradece a alguien que haya pasado por tu vida:

Fecha

Comienza aquí

Cosas por la que estoy agradecida:

¡Gracias!

Fecha

Comienza aquí

Hoy agradezco por:

Me siento bendecida de tener:

Me gusta ser:

Amo de mi vida y estoy contenta que:

Me gustaría:

por eso le pido al universo/Dios que:

¡Gracias!

Fecha

Comienza aquí

Hoy agradezco por:

10 cosas que doy gracias:

Me siento bendecida por ser:

Gracias a

Amo de mi vida y estoy contenta que:

¡Gracias!

Me siento muy bendecida de tener:

Otras cosas que tengo en mi corazón que me hacen sentir feliz y bendecida

Gracias

Gracias, gracias, gracias

GRACIAS...

Reflexiona y agradece sobre sobre aquellas pequeñas cosas que tienes en tu vida y que das por sentando.

Fecha

Comienza aquí

Hoy quiero agradecer a (Dios/Vida/Universo) que:

Gracias por:

Mi lista de cosas que agradezco tener:

En mi vida estoy agradecida por

Gracias

Me siento muy bendecida por que aprendi:

Personas que tengo en mi corazón que me hacen sentir feliz y bendecida

Me gustaria...

Gracias, gracias, gracias

Gracias

Agradece a alguien que haya pasado por tu vida:

Fecha

Comienza aquí

Cosas por la que estoy agradecida:

¡Gracias!

Fecha

Comienza aqui

Hoy agradezco por:

Me siento bendecida de tener:

Me gusta ser:

Amo de mi vida y estoy contenta que:

Me gustaria:

por eso le pido al universo/Dios que:

¡Gracias!

Fecha

Comienza aqui

Hoy agradezco por:

10 cosas que doy gracias:

Me siento bendecida por ser:

Gracias a

Amo de mi vida y estoy contenta que:

¡Gracias!

Me siento muy bendecida de tener:

GRACIAS...

Otras cosas que tengo en mi corazón que me hacen sentir feliz y bendecida

Gracias

Gracias, gracias, gracias

Reflexiona y agradece sobre sobre aquellas pequeñas cosas que tienes en tu vida y que das por sentando.

Fecha

Comienza aqui

Hoy quiero agradecer a (Dios/Vida/Uuniverso) que:

Gracias por:

Mi lista de cosas que agracezco tener:

En mi vida estoy agradecida por

Gracias

Me siento muy bendecida por que aprendi:

Personas que tengo en mi corazón que me hacen sentir feliz y bendecida

Me gustaria...

Gracias, gracias, gracias

Gracias

Agradece a alguien que haya pasado por tu vida:

Fecha

Comienza aquí

Cosas por la que estoy agradecida:

¡Gracias!

Fecha

Comienza aquí

Hoy agradezco por:

Me siento bendecida de tener:

Me gusta ser:

Amo de mi vida y estoy contenta que:

Me gustaría:

por eso le pido al universo/Dios que:

¡Gracias!

Fecha

Comienza aquí

Hoy agradezco por:

10 cosas que doy gracias:

Me siento bendecida por ser:

Gracias a

Amo de mi vida y estoy contenta que:

¡Gracias!

Me siento muy bendecida de tener:

Otras cosas que tengo en mi corazón que me hacen sentir feliz y bendecida

GRACIAS...

Gracias

Gracias, gracias, gracias

Reflexiona y agradece sobre sobre aquellas pequeñas cosas que tienes en tu vida y que das por sentando.

Fecha

Comienza aqui

Hoy quiero agradecer a (Dios/Vida/Uuniverso) que:

Gracias por:

Mi lista de cosas

que agracezco tener:

En mi vida estoy agradecida por

Gracias

Me siento muy bendecida por que aprendí:

Personas que tengo en mi corazón que me hacen sentir feliz y bendecida

Me gustaría...

Gracias, gracias, gracias

Gracias

Agradece a alguien que haya pasado por tu vida:

Fecha

Comienza aquí

Cosas por la que estoy agradecida:

¡Gracias!

Fecha

Comienza aqui

Hoy agradezco por:

Me siento bendecida de tener:

Me gusta ser:

Amo de mi vida y estoy contenta que:

Me gustaria:

por eso le pido al universo/Dios que:

¡Gracias!

Fecha

Comienza aqui

Hoy agradezco por:

10 cosas que doy gracias:

Me siento bendecida por ser:

Gracias a

Amo de mi vida y estoy contenta que:

¡Gracias!

Me siento muy bendecida de tener:

Otras cosas que tengo en mi corazón que me hacen sentir feliz y bendecida

GRACIAS...

Gracias

Gracias, gracias, gracias

Reflexiona y agradece sobre sobre aquellas pequeñas cosas que tienes en tu vida y que das por sentando.

Fecha

Comienza aqui

Hoy quiero agradecer a (Dios/Vida/Uuniverso) que:

Gracias por:

Mi lista de cosas que agracezeo tener:

En mi vida estoy agradecida por

Gracias

Me siento muy bendecida por que aprendi:

Personas que tengo en mi corazón que me hacen sentir feliz y bendecida

Me gustaria...

Gracias, gracias, gracias

Gracias

Agradece a alguien que haya pasado por tu vida:

Fecha

Comienza aquí

Cosas por la que estoy agradecida:

¡Gracias!

Fecha

Comienza aquí

Hoy agradezco por:

Me siento bendecida de tener:

Me gusta ser:

Amo de mi vida y estoy contenta que:

Me gustaría:

por eso le pido al universo/Dios que:

¡Gracias!

Fecha

Comienza aquí

Hoy agradezco por:

10 cosas que doy gracias:

Me siento bendecida por ser:

Gracias a

Amo de mi vida y estoy contenta que:

¡Gracias!

Me siento muy bendecida de tener:

Otras cosas que tengo en mi corazón que me hacen sentir feliz y bendecida

GRACIAS...

Gracias

Gracias, gracias, gracias

Reflexiona y agradece sobre sobre aquellas pequeñas cosas que tienes en tu vida y que das por sentando.

Fecha

Comienza aqui

Hoy quiero agradecer a (Dios/Vida/Uuniverso) que:

Gracias por:

Mi lista de cosas que agracezeo tener:

En mi vida estoy agradecida por

Gracias

Me siento muy bendecida por que aprendi:

Personas que tengo en mi corazón que me hacen sentir feliz y bendecida

Me gustaria...

Gracias,
gracias,
gracias

Gracias

Agradece a alguien que haya pasado por tu vida:

Fecha

Comienza aquí

Cosas por la que estoy agradecida:

¡Gracias!

Fecha

Comienza aquí

Hoy agradezco por:

Me siento bendecida de tener:

Me gusta ser:

Amo de mi vida y estoy contenta que:

Me gustaría:

por eso le pido al universo/Dios que:

¡Gracias!

Fecha

Comienza aquí

Hoy agradezco por:

10 cosas que doy gracias:

Me siento bendecida por ser:

Gracias a

Amo de mi vida y estoy contenta que:

¡Gracias!

Me siento muy bendecida de tener:

Otras cosas que tengo en mi corazón que me hacen sentir feliz y bendecida

GRACIAS...

Gracias

Gracias, gracias, gracias

Reflexiona y agradece sobre sobre aquellas pequeñas cosas que tienes en tu vida y que das por sentando.

Fecha

Comienza aquí

Hoy quiero agradecer a (Dios/Vida/Universo) que:

Gracias por:

Mi lista de cosas que agracezco tener:

En mi vida estoy agradecida por

Gracias

Me siento muy bendecida por que aprendi:

Personas que tengo en mi corazón que me hacen sentir feliz y bendecida

Me gustaria...

Gracias,
gracias,
gracias

Gracias

Agradece a alguien que haya pasado por tu vida:

Fecha

Comienza aquí

Cosas por la que estoy agradecida:

¡Gracias!

Fecha

Comienza aqui

Hoy agradezco por:

Me siento bendecida de tener:

Me gusta ser:

Amo de mi vida y estoy contenta que:

Me gustaria:

por eso le pido al universo/Dios que:

¡Gracias!

Fecha

Comienza aqui

Hoy agradezco por:

10 cosas que doy gracias:

Me siento bendecida por ser:

Gracias a

Amo de mi vida y estoy contenta que:

¡Gracias!

Me siento muy bendecida de tener:

Otras cosas que tengo en mi corazón que me hacen sentir feliz y bendecida

GRACIAS...

Gracias

Gracias, gracias, gracias

Reflexiona y agradece sobre sobre aquellas pequeñas cosas que tienes en tu vida y que das por sentando.

Fecha

Hoy quiero agradecer a (Dios/Vida/Uuniverso) que:

Gracias por:

Mi lista de cosas que agracezco tener:

En mi vida estoy agradecida por

Gracias

Me siento muy bendecida por que aprendí:

Personas que tengo en mi corazón que me hacen sentir feliz y bendecida

Me gustaria...

Gracias, gracias, gracias

Gracias

Agradece a alguien que haya pasado por tu vida:

Fecha

Comienza aquí

Cosas por la que estoy agradecida:

¡Gracias!

Fecha

Comienza aquí

Hoy agradezco por:

Me siento bendecida de tener:

Me gusta ser:

Amo de mi vida y estoy contenta que:

Me gustaría:

por eso le pido al universo/Dios que:

¡Gracias!

Fecha

Comienza aquí

Hoy agradezco por:

10 cosas que doy gracias:

Me siento bendecida por ser:

Gracias a

Amo de mi vida y estoy contenta que:

¡Gracias!

Me siento muy bendecida de tener:

Otras cosas que tengo en mi corazón que me hacen sentir feliz y bendecida

GRACIAS...

Gracias

Gracias, gracias, gracias

Reflexiona y agradece sobre sobre aquellas pequeñas cosas que tienes en tu vida y que das por sentando.

Fecha

Comienza aqui

Hoy quiero agradecer a (Dios/Vida/Uuniverso) que:

Gracias por:

Mi lista de cosas que agracezco tener:

En mi vida estoy agradecida por

Gracias

Me siento muy bendecida por que aprendí:

Personas que tengo en mi corazón que me hacen sentir feliz y bendecida

Me gustaria...

Gracias

Gracias, gracias, gracias

Agradece a alguien que haya pasado por tu vida:

Fecha

Comienza aquí

Cosas por la que estoy agradecida:

¡Gracias!

Fecha

Comienza aquí

Hoy agradezco por:

Me siento bendecida de tener:

Me gusta ser:

Amo de mi vida y estoy contenta que:

Me gustaria:

por eso le pido al universo/Dios que:

¡Gracias!

Fecha

Comienza aquí

Hoy agradezco por:

10 cosas que doy gracias:

Me siento bendecida por ser:

Gracias a

Amo de mi vida y estoy contenta que:

¡Gracias!

Me siento muy bendecida de tener:

GRACIAS...

Otras cosas que tengo en mi corazón que me hacen sentir feliz y bendecida

Gracias

Gracias, gracias, gracias

Reflexiona y agradece sobre sobre aquellas pequeñas cosas que tienes en tu vida y que das por sentando.

Fecha

Comienza aquí

Hoy quiero agradecer a (Dios/Vida/Uuniverso) que:

Gracias por:

Mi lista de cosas
que agracezco tener:

En mi vida estoy agradecida por

Gracias

Me siento muy bendecida por que aprendi:

Personas que tengo en mi corazón que me hacen sentir feliz y bendecida

Me gustaria...

Gracias,
gracias,
gracias

Gracias

Agradece a alguien que haya pasado por tu vida:

Fecha

Comienza aquí

Cosas por la que estoy agradecida:

¡Gracias!

Fecha

Comienza aquí

Hoy agradezco por:

Me siento bendecida de tener:

Me gusta ser:

Amo de mi vida y estoy contenta que:

Me gustaría:

por eso le pido al universo/Dios que:

¡Gracias!

Fecha

Comienza aqui

Hoy agradezco por:

10 cosas que doy gracias:

Me siento bendecida por ser:

Gracias a

Amo de mi vida y estoy contenta que:

¡Gracias!

Me siento muy bendecida de tener:

Otras cosas que tengo en mi corazón que me hacen sentir feliz y bendecida

GRACIAS...

Gracias

Gracias, gracias, gracias

Reflexiona y agradece sobre sobre aquellas pequeñas cosas que tienes en tu vida y que das por sentando.

Fecha

Comienza aquí

Hoy quiero agradecer a (Dios/Vida /Uuniverso) que:

Gracias por:

Mi lista de cosas que agracezco tener:

En mi vida estoy agradecida por

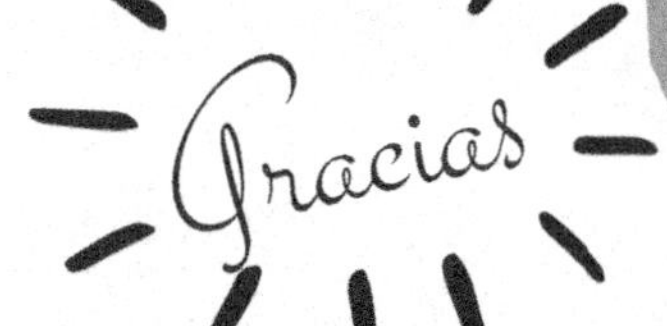

Me siento muy bendecida por que aprendí:

Personas que tengo en mi corazón que me hacen sentir feliz y bendecida

Me gustaria...

Gracias, gracias, gracias

Gracias

Agradece a alguien que haya pasado por tu vida:

Fecha

Comienza aquí

Cosas por la que estoy agradecida:

¡Gracias!

Fecha

Comienza aquí

Hoy agradezco por:

Me siento bendecida de tener:

Me gusta ser:

Amo de mi vida y estoy contenta que:

Me gustaría:

por eso le pido al universo/Dios que:

¡Gracias!

Fecha

Comienza aquí

Hoy agradezco por:

10 cosas que doy gracias:

Me siento bendecida por ser:

Gracias a

Amo de mi vida y estoy contenta que:

¡Gracias!

Me siento muy bendecida de tener:

Otras cosas que tengo en mi corazón que me hacen sentir feliz y bendecida

GRACIAS...

Gracias

Gracias, gracias, gracias

Reflexiona y agradece sobre sobre aquellas pequeñas cosas que tienes en tu vida y que das por sentando.

Fecha

Comienza aquí

Hoy quiero agradecer a (Dios/Vida/Uuniverso) que:

Gracias por:

Mi lista de cosas que agracezco tener:

En mi vida estoy agradecida por

Gracias

Me siento muy bendecida por que aprendi:

Personas que tengo en mi corazón que me hacen sentir feliz y bendecida

Me gustaria...

Gracias,
gracias,
gracias

Gracias

Agradece a alguien que haya pasado por tu vida:

Fecha

Comienza aquí

Cosas por la que estoy agradecida:

¡Gracias!

Fecha

Comienza aquí

Hoy agradezco por:

Me siento bendecida de tener:

Me gusta ser:

Amo de mi vida y estoy contenta que:

Me gustaría:

por eso le pido al universo/Dios que:

¡Gracias!

Fecha

Comienza aquí

Hoy agradezco por:

10 cosas que doy gracias:

Me siento bendecida por ser:

Gracias a

Amo de mi vida y estoy contenta que:

¡Gracias!

Me siento muy bendecida de tener:

Otras cosas que tengo en mi corazón que me hacen sentir feliz y bendecida

GRACIAS...

Gracias

Gracias, gracias, gracias

Reflexiona y agradece sobre sobre aquellas pequeñas cosas que tienes en tu vida y que das por sentando.

Fecha

Comienza aquí

Hoy quiero agradecer a (Dios/Vida/Universo) que:

Gracias por:

Mi lista de cosas que agradezco tener:

En mi vida estoy agradecida por

Gracias

Me siento muy bendecida por que aprendi:

Personas que tengo en mi corazón que me hacen sentir feliz y bendecida

Me gustaria...

Gracias

Gracias, gracias, gracias

Agradece a alguien que haya pasado por tu vida:

Fecha

Comienza aquí

Cosas por la que estoy agradecida:

¡Gracias!

Fecha

Comienza aqui

Hoy agradezco por:

Me siento bendecida de tener:

Me gusta ser:

Amo de mi vida y estoy contenta que:

Me gustaria:

por eso le pido al universo/Dios que:

¡Gracias!

Fecha

Comienza aqui

Hoy agradezco por:

10 cosas que doy gracias:

Me siento bendecida por ser:

Gracias a

Amo de mi vida y estoy contenta que:

¡Gracias!

Me siento muy bendecida de tener:

Otras cosas que tengo en mi corazón que me hacen sentir feliz y bendecida

GRACIAS...

Gracias

Gracias, gracias, gracias

Reflexiona y agradece sobre sobre aquellas pequeñas cosas que tienes en tu vida y que das por sentando.

Fecha

Comienza aquí

Hoy quiero agradecer a (Dios/Vida/Uuniverso) que:

Gracias por:

Mi lista de cosas que agracezco tener:

En mi vida estoy agradecida por

Gracias

Me siento muy bendecida por que aprendi:

Personas que tengo en mi corazón que me hacen sentir feliz y bendecida

Me gustaria...

Gracias

Gracias, gracias, gracias

Agradece a alguien que haya pasado por tu vida:

Fecha

Comienza aquí

Cosas por la que estoy agradecida:

¡Gracias!

Fecha

Comienza aquí

Hoy agradezco por:

Me siento bendecida de tener:

Me gusta ser:

Amo de mi vida y estoy contenta que:

Me gustaría:

por eso le pido al universo/Dios que:

¡Gracias!

Fecha

Comienza aqui

Hoy agradezco por:

10 cosas que doy gracias:

Me siento bendecida por ser:

Gracias a

Amo de mi vida y estoy contenta que:

¡Gracias!

Me siento muy bendecida de tener:

Otras cosas que tengo en mi corazón que me hacen sentir feliz y bendecida

GRACIAS...

Gracias

Gracias, gracias, gracias

Reflexiona y agradece sobre sobre aquellas pequeñas cosas que tienes en tu vida y que das por sentando.

Fecha

Comienza aquí

Hoy quiero agradecer a (Dios/Vida/Uuniverso) que:

Gracias por:

Mi lista de cosas

que agracezco tener:

En mi vida estoy agradecida por

Gracias

Me siento muy bendecida por que aprendi:

Personas que tengo en mi corazón que me hacen sentir feliz y bendecida

Me gustaria...

Gracias,
gracias,
gracias

Gracias

Agradece a alguien que haya pasado por tu vida:

Fecha

Comienza aqui

Cosas por la que estoy agradecida:

¡Gracias!

Made in United States
North Haven, CT
26 January 2025